IOTHÈQUE ORIENTALE ELZÉVIRIENNE

LA

RELIGION DE BAB

RÉFORMATEUR PERSAN DU XIXᵉ SIÈCLE

PAR

M. Clément HUART

PARIS

ERNEST LEROUX, ÉDITEUR

28, RUE BONAPARTE, 28

1889

BIBLIOTHÈQUE ORIENTALE ELZÉVIRIENNE

LXIV

LA
RELIGION DE BAB

LE PUY. — IMPRIMERIE MARCHESSOU FILS

LA
RELIGION DE BAB

RÉFORMATEUR PERSAN DU XIXᵉ SIÈCLE

PAR

M. CLÉMENT HUART

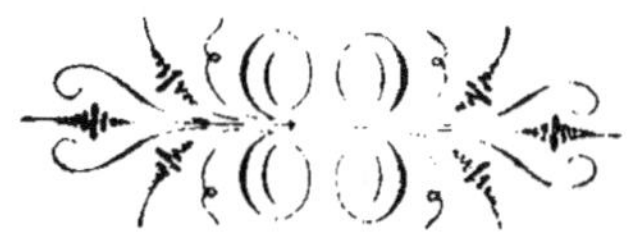

PARIS

ERNEST LEROUX, ÉDITEUR

28, RUE BONAPARTE, 28

1889

LA
RELIGION DE BAB

I

Le 19 juillet 1849, une émotion extraordinaire emplissait la ville de Tébriz, que nous appelons souvent Tauris, le chef-lieu de la province persane de l'Azerbëïdjan. Des groupes nombreux de citadins et de paysans, les uns coiffés du long kalpack en peau de mouton qui était alors à la mode dans les états du Chàh, les autres plus fidèles à la coiffure musulmane, le bonnet rouge entouré des replis du turban, se dirigeaient en hâte vers la caserne des *serbâz*, où était réuni le régiment formé par les soins de

Çamçâm-ed-dooulch et, par une innova-
tion hardie, entièrement composé de
chrétiens. Toutes les rues qui avoisinent
cette caserne regorgeaient de monde, et
les toits en terrasse des maisons les plus
proches étaient couverts de curieux.
C'est qu'il allait se passer quelque chose
de grandiose dans cette caserne, un drame
où la vie de la Perse était intéressée. Oh!
ce n'était pas une exécution capitale ordinaire que celle qui se préparait à Tébriz;
ce n'était pas un voleur de grand chemin,
un meurtrier célèbre, quelque brigand
des montagnes, qui attirait ainsi la foule
sur le lieu de son supplice. Un prophète,
qui se prétendait Dieu incarné, avait été
condamné à mort par les juges religieux
de l'islamisme, et il allait expier son inno-
vation hardie, son nouveau Qoran qu'il
avait eu la témérité de mettre en parallèle
avec celui qui, comme on sait, est anté-
rieur au temps et à l'espace, étant le
Verbe de Dieu même!

On voyait deux hommes attachés à un
poteau : l'un était Ali-Mohammed le *Bâb*

(la *porte* de la vérité), le prophète inspiré; l'autre était un de ses plus fervents
disciples, et en tout cas le plus fidèle,
Agha-Mohammed-Ali, qu'aucune prière
n'avait pu fléchir, à qui la vue de ses enfants même n'avait pu faire maudire son
maître. Le signal du supplice fut donné;
le peloton du régiment chrétien aligné
en face du poteau fit feu au commandement. Une clameur intense s'éleva de la
foule à ce moment. C'est que les spectateurs venaient d'apercevoir Bâb, délivré
de ses entraves, s'avancer libre vers eux.
Un hasard merveilleux avait fait qu'aucune balle n'avait atteint le condamné;
au contraire, ses liens avait été rompus,
il était délivré. C'était un vrai miracle, et
Dieu sait ce qui serait arrivé sans la fidélité et le sang-froid dont le régiment
chrétien fit montre en cette circonstance.
Les soldats, pour calmer l'effervescence
de la foule qui s'agitait, prête à croire à la
vérité d'une religion qui faisait ainsi ses
preuves, lui montrèrent les cordes brisées
par les balles, démonstration visible de

l'inanité du miracle. En même temps on saisissait Bâb et on le liait de nouveau au poteau fatal. Agha-Mohammed-Ali fut le premier fusillé ; son maître vint immédiatement après. Cette fois le supplice fut bon ; la justice musulmane et la loi canonique avaient repris leurs droits. Mais la foule, vivement impressionnée par le spectacle qu'elle avait eu sous les yeux, s'écoula lentement, mal convaincue que le Bâb était un criminel. Sa faute, après tout, n'en était une que pour les gens de loi, et le monde est indulgent aux crimes qu'il ne comprend point !

Quel était donc ce sectaire qu'un supplice quasi-militaire anéantissait ainsi dans la trente-septième année de sa vie ? Les lignes suivantes nous le feront mieux connaître.

II

La religion nouvelle dont ce drame juridique consacrait ainsi l'existence par la mise à mort de ses premiers martyrs, était née à Chirâz, le chef-lieu du Fârs, dans le sud de la Perse actuelle. A la gloire d'avoir donné le jour à deux des plus grands poètes persans, à Sadi et à Hâfiz, Chirâz allait ajouter celle de voir naître une réforme de l'islamisme en plein XIXᵉ siècle. Ali-Mohammed était un jeune homme appartenant à une famille de modeste condition; son père était marchand de cotonnades au Bazar. L'instruction qu'il reçut était des plus rudimentaires, comme celle que les enfants reçoivent dans les écoles primaires de l'Orient; le programme ne comprend guère que la lecture, l'écriture et les éléments de l'arithmétique. La partie la plus développée est encore la lecture des lettres arabes, qui n'est pas chose facile et dont tout musulman a besoin pour réciter, sinon comprendre, le texte du Qorân. Sans doute les entretiens que le jeune étudiant eut avec des non-musulmans, peut-être même la lecture des livres des chrétiens, lui donnèrent de bonne heure une largeur de vues, une indépendance à l'égard de la tradition religieuse, que l'on rencontre parfois en Orient, plus fréquemment qu'on ne serait tenté de le supposer. De bonne heure il s'était fait remarquer par un penchant visible à rechercher la solitude ; ses allures étaient mélancoliques, et malgré cela son esprit, fort curieux, le poussait à interroger les savants, à entretenir des relations avec les voyageurs débarquant de longues navigations dans le golfe Persique. En effet, à peine âgé de quinze ans, il avait été envoyé par son père à Bender-Bouchir, le grand port de la Perse méridionale, pour s'y façonner aux habitudes et à la pratique du commerce. C'est dans ces relations un peu mêlées qu'il faut chercher le point de départ de sa vocation religieuse.

Outre les orthodoxes du chiïsme, il y a parmi les Iraniens de nos jours des partisans de sectes dissidentes qui frisent de fort près le bûcher, des hérétiques dont les croyances sont un objet d'horreur pour un fidèle musulman. Par dessus le marché, les *çoufis* ou mystiques y sont nombreux, et le *çoufi* est le philosophe de ces contrées-là ; or la philosophie a toujours été en fort médiocre odeur de sainteté auprès des dévots convaincus. Il est certain que les explications des problèmes de métaphysique et de théodicée soulevés par ces différentes sortes d'ergoteurs produisirent sur l'esprit du jeune homme la plus profonde impression, et que, cédant à son penchant naturel pour la contemplation, il s'engagea insensiblement, sans le vouloir, parmi les mystiques et les partisans du *sens interne* ou explication allégorique du livre sacré de l'Islam ; on n'ignore pas que l'interprétation ésotérique n'a pas eu de plus fervents adeptes que chez les Chiïtes et certaines sectes hétérodoxes, telles que les Baténiens, dont l'importance fut si grande au moyen âge.

Cependant, au début de la carrière d'Ali-Mohammed, rien ne le distingue d'un pieux et rigide musulman. Il fait le pèlerinage de Kerbéla, où est le tombeau de l'Imâm Hoseïn, et qui, pour un Persan, est un lieu de vénération au moins égal à ceux qui furent témoins de la *fuite* du prophète arabe. Dans ce voyage il s'acquit, par des pratiques de dévotion sincère, l'estime des personnes qui le virent et entendirent les conférences qu'il eut l'occasion de faire; mais jusque-là rien ne nous fait entrevoir le futur rénovateur. Un commentaire de la *Sourate* ou chapitre de Joseph, dans le Qorân, qu'il aurait composé, dit-on, à son retour du pèlerinage, nous indique simplement que son esprit était tourné vers les recherches mystiques et les interprétations allégoriques.

Rentré à Chiraz de son pèlerinage aux bords de l'Euphrate qui virent la défaite définitive de la famille d'Ali, il fut prédicateur; il prêcha partout, dans la mosquée, dans le bazar, dans sa propre maison; doué d'une éloquence naturelle et abondante, il entraînait ces gens simples, de même que sa dialectique serrée l'aidait à confondre ses contradicteurs dans les discussions publiques qu'il soutenait en présence des autorités, attirées par son succès croissant. En peu de temps il fut célèbre.

C'est alors qu'un beau jour il déclara, pendant une extase, qu'il était le *Bâb*, nom qui lui est resté depuis et sous lequel il est généralement connu. *Bâb* est un mot arabe qui veut dire « porte », mais se prend au figuré, dans le langage conventionnel des adeptes du *sens interne* ou interprétation ésotérique, comme signifiant la porte par laquelle on peut entrer dans la connaissance du vrai Dieu selon les mystiques, qui n'est point tout à fait, comme l'on sait, le Dieu selon les théologiens de la plupart des religions. Cette appellation n'était pas de son invention ; on la trouve déjà chez les Nosaïris (que nos géographes continuent à appeler *Ansarièh* d'après une transcription fautive de la prononciation due, je crois, à Volney, ces montagnards intéressants du nord de la Syrie, qui ont en vue dans ce nom la personne chargée d'expliquer au peuple la doctrine représentée sur terre par *l'Ism* le nom, personnification apparente de la divinité. [1] Ce nom de *Bâb*, qui n'était pas inconnu aux mystiques, fit une fortune extraordinaire; les adeptes du réformateur furent appelés *Bâbis*, c'est-à-dire sectateurs du *Bâb*; le *Bâbisme* est le nom qui a été adopté par les auteurs de l'occident pour désigner la nouvelle doctrine.

Les autorités les plus sûres placent à cette période de la mission d'Ali-Mohammed le pélerinage qu'il fit à la Mecque, devoir sacré prescrit à chacun de ses fidèles par le « conducteur de chameaux » qui avait révolutionné l'Arabie et une partie du monde civilisé. Quittant Chirâz sans bruit, presque fugitif, il laissait pour le remplacer un certain Molla Hoséin Bouchroûyéh qui se tailla dès lors un rôle important dans la propagation de la nouvelle doctrine. Celle-ci. dès ce moment,

1. Stanislas Guyard, *Fetwa d'Ibn-Taïmiyyah,* p. 25-26; Cl. Huart, *La poésie religieuse des Nosaïris,* p. 6.

prend corps. La renommée du prédicateur se répand partout; ses disciples se multiplient. Enfin il se fit tant de bruit autour du Bâb que les autorités civiles se mêlèrent de tout ce tapage. On arrêta Ali-Mohammed au moment où il rentrait en Perse après avoir accompli son pèlerinage; on le consigna dans sa maison, où il fut étroitement surveillé.

Ce serait au milieu de cette effervescence et des témoignages d'une popularité croissante qu'Ali-Mohammed, répudiant tout à coup le titre de *Bâb* ou de « porte » dont il venait de se décorer, se déclara comme étant le *Point* par excellence, c'est-à-dire le centre sur lequel repose le mystère du monde : autrement dit, il se donna comme étant une incarnation de la divinité même. Aussi ses partisans se plurent à l'appeler, dès ce moment, *Haʒrèti A'la*, terme rendu tant bien que mal par l'expression d'Altesse sublime adoptée par le comte de Gobineau. Le titre de *Bâb*, qui n'avait plus d'emploi, fut donné à celui qui, parmi les disciples du maître, occupait la première place, à Molla Hoséïn Bouchroûyéh ; dorénavant ce fut lui la Porte par où l'on put atteindre la connaissance de la vérité, incarnée maintenant dans la personne du Point.

Voilà donc deux étapes bien tranchées de la nouvelle doctrine : dans la première, Ali-Mohammed, qui tout d'abord ne s'était montré que comme un prédicateur appelant les fidèles à l'observation des règles morales, se dévoile à ses disciples comme un prophète, chargé de répandre la vérité parmi les hommes sous le couvert d'une nouvelle religion ; à la seconde, il franchit un pas de plus, et se donne comme étant une incarnation de la divinité. Ce fut là la constitution définitive du Bâbisme en tant que religion nouvelle.

Ali-Mohammed, bien qu'interné à Chirâz, comme nous venons de le voir, ne tarda pas à s'en échapper, se rendit à Ispahan, gouverné alors par l'eunuque Manoutchehr-Khan, sous la protection duquel il se mit. Le gouverneur le logea

dans la maison du premier imam de la
grande mosquée, qu'il chargea de le sur-
veiller et en même temps de le question-
ner adroitement sur sa doctrine. Mais
on ne put le prendre en faute; ses ré-
ponses étaient absolument orthodoxes.
Pour le mettre à l'abri d'un mouvement
populaire, dans une ville où les esprits
étaient encore agités à la suite de la ré-
pression des troubles qui s'y étaient pro-
duits, Manoutchehr-Khan logea le sectaire dans un des palais de l'ancienne
capitale des Séfévis, avec défense d'en
sortir, et après avoir fait répandre le bruit
qu'il l'avait expédié ailleurs par ordre du
gouvernement. Ali-Mohammed resta
dans cette situation jusqu'en mai 1847,
où l'eunuque mourut. Après cela le gouvernement le fit venir à Téhéran, mais
alors qu'il se trouvait encore à une cer-
taine distance de la capitale, le premier
ministre donna l'ordre à l'escorte d'éviter
Téhéran, et de se rendre dans l'Azerbaïdjan. En effet, Ali-Mohammed fut interné
à Tébriz.

La mesure était d'autant plus mala-
droite que le réformateur comptait de
nombreux fidèles dans cette province, et
qu'en tout cas la population était loin de
lui être hostile. La nouvelle doctrine ga-
gnait de plus en plus des prosélytes ; un
petit groupe de disciples ardents s'étaient
transformés en missionnaires et parcou-
raient les provinces. La personne la plus
remarquable de ce petit groupe était une
femme. Zerrin-Tadj (la couronne d'or),
surnommée Qourret-ul-aïn (fraîcheur des
yeux, c'est-à-dire consolation) était de
Qazwin, fille et femme de jurisconsultes,
déjà savante dans la connaissance de
l'arabe, dans la science des traditions,
dans l'exégèse du Qoràn. Elle s'était for-
méé toute seule ; son intelligence très vive
avait profité des discussions juridiques
et théologiques qu'elle entendait autour
d'elle, dans sa propre famille. Elle eut
vent des prédications de Bàb à Chi-
ràz, et prise d'un enthousiasme subit,
entra en correspondance, soit avec Ali-
Mohammed lui-même, soit avec ses prin-

cipaux disciples. Elle adopta entièrement
le nouvel enseignement, et rompant avec
un usage passé en force de loi dans les
pays musulmans, elle sortit en public sans
être voilée, au grand scandale de la population. Ses prédications entrainantes —
car elle se mit à annoncer la bonne nouvelle — assemblèrent bien vite autour
d'elle un concours énorme de fidèles, en
même temps que sa vertu restait au-dessus
de tout soupçon. Elle était dès lors un des
plus fermes soutiens de la nouvelle religion.

Revenons à notre réformateur. Le
gouvernement de la Perse résolut de faire
un procès en forme à Ali-Mohammed,
afin de profiter de la sentence que les
juges canoniques ne manqueraient pas
de porter contre un hérétique : on sait
que la loi de l'islam n'est pas tendre sur
ce chapitre, et que la seule condamnation
qui pouvait être appliquée au nova-
teur était la peine capitale, dans le cas
où ses doctrines auraient été contraires
aux dogmes fondamentaux du Qoran.

Vers le milieu de l'année 1848, une réunion de jurisconsultes fut provoquée par le gouverneur de l'Azerbaïdjan, lequel monta depuis sur le trône de Perse, qu'il occupe encore aujourd'hui, sous le nom de Naçir-ouddin Châh. La séance eut lieu à huis-clos ; on ignore ce qui s'y dit et s'y fit : mais comme la sentence ne portait qu'une peine corporelle (sans doute la bastonnade) et la relégation, il faut admettre que l'hérésie ne put pas être prouvée contre lui, et surtout qu'il n'y fit pas voir le nouveau Qorân qu'il avait composé, et que ses disciples jugeaient de beaucoup supérieur à celui de Mahomet. C'est à Makou, non loin de la frontière russe, que l'agitateur fut interné en vertu de la condamnation portée contre lui : c'est là que sa popularité le suivit. On dit qu'il y prêcha son Qorân, et qu'il s'y donna définitivement comme étant le Mehdi, le douzième imam disparu dont le retour annonce la fin du monde.

C'est pendant ce temps que le roi de Perse Mohammed-Châh mourut (septembre 1848) et fut remplacé, après un court interrègne de deux mois, par Nàçir-ouddin Châh, le souverain encore actuellement régnant. Il y eut alors de grands désordres dans toute la Perse, et l'importance de la secte bàbie se développa tellement, que les premières mesures énergiques prises par le nouveau premier ministre, Mirza Taqi-Khan, furent dirigées contre les novateurs. Les bàbis se soulevaient dans le Mazandéran, et des massacres sans nombre suivaient leurs révoltes. Le ministre jugea que la première mesure à prendre était de se défaire d'Ali-Mohammed, qui, transféré dans la citadelle de Tchégrik, y enseignait le peuple avec le plus grand succès, au rapport d'un témoin oculaire, un Russe qui s'y trouvait alors. On fit venir Ali-Mohammed à Tébriz; on le conduisit, chez deux des principaux personnages de l'ordre judiciaire; rien ne transpira des paroles qui furent échangées entre l'accusé et ses juges. Deux frères, dont l'un, Séid-Hosein, était fort instruit en matière juridi-

que et dans la connaissance de la langue
arabe, étaient connus depuis longtemps
comme amis intimes du réformateur de
Chiraz; ils furent également amenés à
Tébriz. Mais bien que condamnés à mort
en même temps que leur maître, ils le
renièrent au dernier moment : un seul
prosélyte, Agha Mohammed-Ali, qui
avait été le lieutenant de Bâb à Tébriz,
l'accompagna jusqu'au bout. Ce qui se
passa ensuite, nous l'avons dit au début
de cette plaquette : nous n'avons qu'à
prier le lecteur de s'y reporter.

III

On n'étonnera personne en faisant remarquer que la nouvelle secte se répandit
dans le Khorassan plus rapidement que
partout ailleurs. Le Khorassan a eu cette
fortune singulière que les idées nouvelles
y ont toujours trouvé le champ le plus
approprié; c'est de cette province que
sont parties bien des révolutions qui ont

changé la face des choses dans l'Orient
musulman ; il suffit de rappeler que c'est
dans le Khorassan que débuta l'idée de la
rénovation persane après la conquête
arabe, et que c'est là que se forma l'armée
qui, sous les ordres d'Abou-Moslim, alla
porter les Abbassides sur le trône des
Khalifes en renversant l'aristocratie mec-
quoise qui l'occupait depuis l'avénement
des Oméyyades. Tandis que dans l'Azerbaïdjan la présence de Bâb suscitait des
prosélytes, que la parole enflammée et
les charmes de la fameuse Qourret-oul-
Aïn faisaient la popularité de la nouvelle
foi à Qazwin, à l'orient la secte des bâbis
prenait de plus en plus une couleur poli-
tique.

Molla Hoséïn était un des agents les
plus actifs de Bâb ; il fit des adeptes de la
plus haute importance, des légistes se
convertirent ; la nouvelle prédication se
fit publiquement dans des mosquées. Il
s'ensuivit une grande agitation dans les
esprits. Le commandant militaire de la
province fit arrêter Molla Hoséïn, mais

celui-ci s'échappa de sa prison, se mit à la tête des fanatiques qui le suivirent jusque dans le Mazandéran, dont il avait pris la route pour rejoindre ses amis de l'Azerbaïdjan. Sa troupe resta quelque temps à Barfouroùch, puis elle se retira dans les montagnes, où elle se fortifia. Ce ne fut qu'au moment où Nàçir-ouddin Chàh, en montant sur le trône, voulut rétabir l'ordre en Perse, que l'on commença une expédition militaire contre ces sectaires. Près de Sari, sur l'emplacement du tombeau du Chéïkh Tabarsi, sept cents bàbis, sous la direction de Molla Hoséïn, réquisitionnèrent les paysans d'alentour et élevèrent des retranchements derrière lesquels ils comptaient se défendre contre les troupes régulières du Chàh. C'était une vraie forteresse, abondamment pourvue d'armes, de munitions et d'approvisionnements : les remparts en terre étaient flanqués de douze tours et plongeaient dans un fossé large et profond, rempli d'eau ; le tombeau du Chéïkh, au centre, servait de réduit.

Ce fut un corps de volontaires qui eut le premier affaire avec ces bâbis et s'en tira honteusement. Ceux-ci s'étaient battus bravement : encouragés par leur première victoire, ils attendirent de pied ferme l'arrivée des troupes régulières. Enfermés dans leur forteresse, ils firent plusieurs sorties des plus hardies et couronnées de succès ; la seconde coûta la vie à leur chef Molla Hoséin. On en vint à un siège régulier (mai 1849) ; les bâbis, décimés par la famine, capitulèrent ; au mépris de la capitulation, suivant un usage bien fréquent dans les guerres d'Orient, ils furent massacrés de la façon la plus barbare, sauf les chefs qui furent exécutés publiquement à Barfouroûch. Ainsi finit la première révolte des bâbis.

Vers la même époque où la forteresse de Chéïkh-Tabarsi se rendait, Bab était exécuté à Tébriz et la ville de Zendjàn se soulevait. Il y avait là un fort parti de sectaires réfugiés, auxquels se joignirent de nombreux enfants perdus et des gens sans aveu. Il y eut des massacres ; les bâ-

bis s'emparèrent de la citadelle de Zendjàn, malgré la défense des habitants Chïi-
tes et des troupes régulières enfermées
dans la place; toutefois la moitié de la
ville restait entre les mains de l'autorité
régulière. Quand des renforts arrivè-
rent, on essaya d'enlever leurs retranchements; mais il fallut encore plusieurs
mois et de nouveaux combats, il fallut
l'aide de la faim et de la soif, l'emploi de
l'artillerie, avant de prendre le quartier
de la ville où ils s'étaient retranchés. Un
dernier assaut livra la citadelle aux troupes du Chah : tous les bàbis furent ex-
terminés.

Ces deux événements, la prise de la
forteresse de Chéïkh-Tabarsi et l'extinc-
tion de la guerre civile à Zendjàn, enrayè-
rent le grand mouvement bâbi; la révolte
de Darabi dans le Fàrs n'eut aucune importance au point de vue de l'histoire de
la secte. Il n'en est pas de même de l'at-
tentat commis sur la personne du Chàh,
le 16 août 1852, par trois bàbis; ce fut
l'occasion d'une persécution générale de

ces sectaires. Soixante-dix d'entre eux, découverts à Téhéran, furent mis à mort. C'est dans cette bagarre que périt l'héroïne Qourret-oul-Aïn. La persécution s'étendit à tout l'empire. Ceux qui ne furent pas arrêtés émigrèrent dans les pays voisins; nombre d'entre eux se réfugièrent sur le territoire ottoman. A partir de ce moment il n'est plus question de bâbis; la secte peut avoir encore aujourd'hui des adhérents cachés; il ne se fait plus de propagande, ou du moins elle est si mystérieuse, qu'on ignore le travail qui se poursuit à l'ombre, au milieu de l'indifférence de toutes les classes.

IV

Le plus rigide musulman ne pourrait reprocher à la réforme bâbie d'être venue au monde sans Livre révélé, ce passeport qui permet aux adeptes des religions non-musulmanes d'avoir une situation légale dans la société créée par le prophète arabe. Les bâbis ont des livres, et même beaucoup plus qu'il n'est nécessaire. Nous allons passer rapidement en revue les volumes qui composent une bibliothèque bâbie.

En tête vient naturellement le nouveau Qorân, destiné à remplacer celui qui fut révélé partie à la Mecque, partie à Médine, mais qui s'appelle plus exactement *Kitab en-Noûr* « le Livre de la Lumière »; il est entièrement écrit en arabe. Le titre exact de l'exemplaire que j'ai sous les yeux est le suivant : « Ceci est le Livre de la Lumière (provenant du buisson ardent du Sinaï, destiné à être la lumière (dirigeant) ceux qui sont dans le royaume du mystère et de l'évidence ». A l'imitation du livre sacré des Arabes, il commence par un court chapitre, qui est une sorte de profession de foi. Le voici :

CHAPITRE DE L'EXPOSITION

SEPT VERSETS DE GLOIRE ET D'ÉVIDENCE

Au nom de Dieu, le puissant, le sage.
« Dieu! Il n'y a d'autre divinité que
Lui; il est le Vivant, le Surveillant, le
Stable. — Rien ne lui est impossible dans
les cieux et sur la terre, ni dans l'espace
intermédiaire; il n'y a d'autre divinité
que Lui, le Puissant, l'Aimable. L'exposition a cru en Dieu et en ce qui lui a été
révélé de la part de son Seigneur, elle est
son confesseur, comme l'ont été les anges et les savants, à l'égard de Dieu seul,
déclarant qu'il n'y a de divinité que Lui;
tous sont ses serviteurs, et tous se pros-
ternent devant Lui. — Il n'y a de divinité
que Dieu, ses noms et ses attributs; à lui
la création et l'ordre; et tous reviendront
à lui. — Il est le maître de toute chose;
et tous sont résignés à sa volonté. — A

lui les beaux noms et les paraboles subli-
mes ; tout ce qu'il y a dans les cieux et sur
la terre l'exalte, ainsi que ce qu'il y a
dans l'intervalle ; et tout ce qu'il y a dans
le royaume de l'ordre et de la création,
et ce qui est en dessous, tout cela le sanc-
tifie. — Tous sont ses serviteurs, et tous
agissent selon son ordre. »

On voit que le style coranique est imité
de fort près, jusqu'à la formule : « Au
nom de Dieu, le puissant, le sage » des-
tinée à remplacer la phraséologie bien
connue : « Au nom de Dieu, clément,
miséricordieux. »

Mais ce qu'il y a de nouveau et d'obs-
cur à la fois, c'est l'emploi constant d'une
terminologie particulière dont nous don-
nerons des exemples à mesure que l'occasion s'en présentera. Pour le moment il
faut que nous expliquions ce mot étrange
d'*Exposition*, qui est à proprement parler
le nom de la nouvelle doctrine, le nom
de la religion de Bâb ; *exposition* ou bà-
bisme, c'est tout un. Exposition est la
traduction du mot *béj-àn*, qui signifie en

effet l'art d'exposer, de présenter un sujet, une pensée, un dogme ; dans la langue
des bâbis, c'est l'annonce de la révélation
des nouvelles croyances : c'est ainsi que
dans d'autres régions les mots magiques
« la bonne nouvelle » servirent à désigner
la réforme du judaïsme née sur les bords
du Jourdain.

Cet ouvrage n'est pas entièrement l'œu-
de Bâb ; on sait qu'il a été retouché par
deux de ses disciples, Séïd Hasan et
Séïd Hoséïn, plus versés que lui-même
dans les lettres arabes. Ces deux savants
ont laissé cependant subsister des incor-
rections grammaticales qui auraient fait
bondir les docteurs de Koufa et de Baçra :
la plus frappante est l'omission de l'arti-
cle dans l'expression *Noqtat al-Oüla* « le
premier Point » : il faut *An-noqtat al-Oüla*,
sinon cela n'aurait guère de sens : mais il
est à observer que les savants d'Orient
qui se piquent de connaître les lettres
arabes ignorent généralement l'existence
de la règle qui veut que le nom et l'épithète soient tous les deux déterminés.

Cependant jamais cette faute n'échappera à un Arabe de naissance.

Puisque nous venons de parler du *Premier Point*, citons des passages inédits du nouveau Qorân où Ali-Mohammed se désigne lui-même sous ce nom :

CHAPITRE II

L'EMPYRÉE.

Au nom de Dieu, le Puissant, le Sage.

1. Qu'il soit exalté, celui qui a révélé le Livre en toute justice: il n'y a point de doute sur lui le Livre: c'est une direction et un souvenir pour ceux qui croient fermement en Dieu et en ses signes.

2. Louange à Dieu, qui a créé les cieux et la terre, ainsi que ce qui est entre eux, par la justice; qui a précisé l'ordre et disposé le jugement. Peut-être vous laisserez-vous diriger par les signes de Dieu.

3. C'est lui qui a envoyé les Prophètes auparavant, et a révélé les Livres, en vous recommandant de n'adorer que Dieu et de ne pas être impies après avoir été vrais croyants.

4. Dis : Louange à Dieu qui a envoyé le premier Point avec la justice, et lui a donné l'Exposition, dans laquelle il y a un souvenir et une miséricorde pour ceux qui s'en montrent reconnaissants.

5. Dis : Seulement l'Exposition est descendue de la science de Dieu, et le premier Point est la justice, il n'y a point de doute là-dessus ; nous y croyons tous.

Et plus loin encore ;

97. Et si tu les interroges les gens du Livre en disant : Qui vous a créés et vous a institué des épouses tirées de vous-mêmes ? Ils répondront : C'est Dieu qui a formé les cieux et la terre ; il n'y a d'autre dieu que lui. Or comment se fait-il que vous ne croyiez pas au premier Point ?

106. Dis : Certes, la voie de la bonne direction, c'est le premier Point et ceux qui sont des guides vers lui : ensuite ceux

qui ont cru aux signes de Dieu, ceux-là
apparaîtront devant la Divinité.

111. Il n'y a que Dieu qui sache cela, et
celui à qui Dieu l'a enseigné, et qui certes
est le premier point ; mais bien peu est
ce que vous savez !

Voilà une étrange expression, mais qui
ne l'est que pour notre entendement,
élevé à une autre école ; elle n'a rien que
de très familier à un musulman, sunnite
ou chiite. Le premier point est celui qui,
dans l'écriture arabe, est placé sous la
première lettre de la formule *Bism-illah*
« Au nom de Dieu » ; c'est ce que nos
grammairiens appellent un point diacriti-
que. On ne saura jamais toutes les vertus
mystérieuses contenues dans ce simple
point, qui a le bonheur d'être le premier
et le seul de la formule sacrée ; des volumes ont été écrits là-dessus, et ils n'ont
sans doute qu'effleuré la matière. Le bon
musulman est donc tout préparé à enten-
dre des choses merveilleuses quand on
lui parle du premier point, qui est la clef
du paradis et comme le pivot de la ma-

jesté même de Dieu, qui remplit l'univers et qui est symbolisée à l'usage de notre pauvre cervelle humaine dans ces simples mots : *Bism-illah*.

D'autres volumes sont connus sous l'appellation collective de *Béyán* ou exposition de la doctrine, mot qui, comme nous venons de le voir, sert entre bâbis à désigner la nouvelle loi. Il faut ranger parmi eux ce *Livre des Préceptes* dont le comte de Gobineau nous a donné une traduction [1]. Sans doute aussi il faut classer dans cette catégorie un volume sans titre qui fait partie de notre collection, et qui est aussi rédigé en arabe. Toutes les têtes de chapitres portent le titre de *Roûh* « esprit, âme » ; ainsi, il y a « l'Esprit de l'argumentation, de la sanctification, du Messie, du trône, du pardon, de l'heure, des lettres, etc. » Là, c'est une autre formule d'invocation qui commence chaque chapitre : « Au nom de Dieu, auguste et aimable. » Le dernier mot contient en

1. *Religions et Philosophies de l'Asie Centrale*, appendice.

germe toute une révolution ; cela ne rappelle-t-il pas le christianisme remplaçant par l'amour divin la vieille conception sémitique d'un Dieu terrible et jaloux ?

Pour donner une idée de cet ouvrage, nous donnons ici la traduction de quelques passages, dont le style rappelle encore celui du Qorân de Mahomet et de Bâb.

CHAPITRE I

L'ESPRIT DE L'ARGUMENTATION

— Soit exalté celui qui a fait paraître sa Face [1] avec la bonne direction et la justice, et vous a donné un souvenir et une miséricorde ; il vous a envoyé son *alter ego*, le premier point [2] et vous a ordonné de suivre les signes de l'exposition,

1. Surnom d'un personnage Bâbi. C'est une vieille expression sémitique.
2. Bâb en tant qu'incarnation de la divinité.

en ce jour et plus tard, dans l'espoir que vous rechercheriez Dieu, votre maître.

— Certes, Dieu a élu sa Face en toute justice, et lui a donné tous les signes nécessaires pour faire connaître sa mission ; ce livre est une preuve envoyée par Dieu à des gens qui savent.

— C'est lui qui a réservé à sa lumière la branche de gloire en ce jour, ainsi que les soleils de la miséricorde, dans son livre. Et ceci est un ciel élevé par la permission de Dieu. En lui sont le soleil et la lune qui t'ont été donnés tous deux ; seulement toutes les étoiles sont unies par l'ordre de Dieu ; est-ce que vous ne le savez pas ?

— Et ceci est un livre arabe, venu pour confirmer les livres que vous avez déjà, et vos vœux ; Dieu seul accomplira ce qui y est dit, ainsi que ceux qui ont reçu la science de sa part, ce jour-là ; ils sont sur le trône des cœurs, et ils y restent.

— De même Dieu fait voir les signes du livre en ce jour, et il vous apprend la science et la sagesse ; il choisit qui il veut de ses serviteurs (qu'il soit exalté) ! Tous se tournent vers lui.

— La Face éternelle a cru en Dieu et en ses signes ; elle a confirmé ses bienfaits en ce jour, et elle a lu les versets de Dieu comme il voulait. Dieu a en ce jour témoigné avec justice en sa faveur qu'elle a suivi sa propre émanation, le point de l'exposition, et il l'a aidée autant qu'il a pu ; mais ceux qui ont reçu les biens périssables, ceux-là se sont détournés de la Face de leur Seigneur.

— O hommes, adorez votre Seigneur, qui vous a créés sous des formes nouvelles et vous nourrit comme il lui plaît, en mentionnant son nom ; il vous a destiné toute espèce de nourriture journalière.

CHAPITRE III

L'ESPRIT DU MESSIE.

— Louange à Dieu qui a créé les cieux

et la terre, ainsi que l'espace intermédiaire, par un ordre émané de lui, et qui a fait des anges des envoyés révélateurs et porteurs de la bonne nouvelle de sa part ; il a envoyé le point de l'exposition avec la bonne direction et la justice, ainsi qu'avec la religion de l'équité en ce jour : or l'éternel unique [1] est un serviteur qui sert Dieu et lui-même.

— ...Ceux qui sont incrédules à l'égard de Dieu et du premier point, en ce jour, ceux-là ne respireront pas le vent qui souffle de la sainteté éternelle ; mais ils ne le savent pas.

— C'est ainsi que Dieu les anéantira, ainsi que leurs œuvres, et en fera des regrets pour eux-mêmes ; mais ils ne savaient pas.

— C'est ainsi que Dieu les a placés dans le désert de leur propre âme, et les y a égarés ; mais ils étaient dans les ténèbres, et ils n'ont rien vu.

— C'est ainsi que leur Seigneur les a

1. Surnom de Mirza Yahya, successeur d'Ali-Mohammed.

aveuglés et leur a ravi la lumière, afin qu'ils ne voient rien ; car ils ne sont pas pieux.

— Or ils ont rompu le pacte de Dieu après l'avoir confirmé, et ils ont oublié ce qu'ils avaient mentionné dans la religion de Dieu : ils ont été incrédules à l'égard de tous les prophètes, mais ils ne savaient pas.

— ..... Dis : dans la création de toute chose, ainsi que dans cette Lumière qui parle au nom de son Seigneur, il y a des signes explicites pour ceux qui sont doués d'intelligence, et qui savent.

— Et parmi ces signes il y a ce qui a été révélé par la langue de cette face, qui vous explique aujourd'hui les signes dans ce Livre-modèle ; peut-être croirez-vous à la rencontre de votre Seigneur le miséricordieux.

CHAPITRE V

L'ESPRIT DU STABLE

— Certes, ceci est le Livre juste, que nous te lisons avec équité, afin que tu voues à Dieu ceux qui ont dans leur cœur une lumière venue de leur Seigneur; peut-être reviendront-ils vers Dieu, ton Seigneur.

— De même nous avons fait descendre pour toi le Livre glorieux, comme nous avons révélé le Livre à des âmes par les âmes de ceux qui étaient avant toi; nous t'avons gratifié en ce jour de l'esprit de Dieu, et nous t'avons choisi aujourd'hui; or nous sommes témoins de toute chose.

— Lorsque nous eûmes fait paraître un signe de notre part pour ceux qui se sont trouvés compris dans notre élection d'auparavant, nous avons pris d'eux un engagement, dans la pensée qu'ils croiraient à notre rencontre, le jour de notre apparition.

— De même nous avons pris d'eux un engagement formidable, croyant qu'ils seraient fidèles à un pacte conclu par devant leur Seigneur,

— Et qu'ils confirmeraient l'engagement pris par eux, et celui qu'ils avaient conclu auparavant, mais en ce jour ils ne savaient pas.

— Lorsque nous apportâmes à ceux qui étaient doués du pouvoir de distinguer, ce que nous leur avions promis, nous leur fîmes voir ce qui leur avait été annoncé dans le Livre, croyant qu'ils seraient pieux.

— Or Dieu, ton Seigneur, a fait paraître le premier Point avec des signes évidents, au-dessus de ce que peuvent faire ceux qui sont sur la terre. De même Dieu témoigne de l'équité en ce jour, car il est témoin de tout ce qu'ils font.

— Or les infidèles tournèrent en dérision les signes de Dieu, et ils n'y crurent pas.

— Ils instituèrent, à l'égard de Dieu, des adversaires pris parmi eux-mêmes, et ils le jetèrent dans la prison de la vie périssable, car ils étaient dans un grand doute.

— Et ils étaient dans l'incertitude ce jour-là ; leurs espoirs vains leur voilèrent le visage de ton Seigneur, car ils étaient des méchants.

— Ils jetèrent le Miséricordieux dans leur propre prison, et avec lui ces deux jeunes gens, sous forme de trinité, tandis qu'auparavant c'était sous forme de quaternité ; et ces deux jeunes gens étaient précieux à leur Seigneur, qui est le savant, le sage.

— O vous deux prisonniers ! Connaissez Dieu en ce jour dans la personne de cette Lumière, et remerciez-le de ce qu'il vous a envoyé, et louez-le en ce jour de ce qu'il vous accorde l'Équité dans ce livre ; car il est l'Observant.

CHAPITRE XIX

L'ESPRIT DES LETTRES

..... Certes, le nombre des lettres et des paroles, auprès de Dieu, est de vingt-huit lettres et de trente-huit lettres, dont dix-huit sont à Dieu. Or ne soyez pas d'avis différents sur la religion de Dieu, et marchez dans les voies de votre Seigneur, et ne soyez pas ignorants.

— Dis : Celles-ci sont les lettres de l'Eternel et du Vivant, qui tournent sur vous avec la justice, et sur qui tourne la meule de la foi en ce jour, ainsi que la roue de l'ordre et de la création. Or n'adorez que Dieu votre Seigneur, et remerciez-le de vous avoir enseigné les voies de la Justice ; ne soyez pas de ceux qui passent.

* *
*

Les bàbis s'écrivaient beaucoup les uns

aux autres. Il existe un volume qui renferme un recueil de lettres échangées entre les adeptes de la secte ; les unes sont en arabe, les autres en persan. La plupart émanent de *Hazréti Azal* « l'Altesse Eternelle », le successeur d'Ali-Mohammed ¡Mirza Yahya, désigné à ces fonctions après la mort du fondateur de la religion par un conseil tenu à Téhéran ; d'autres proviennent de certains personnages désignés par des formules de convention, la Face, l'Exposition de la justice, l'Arbre de l'aveuglement. Par ces échanges continus de lettres, les fidèles s'excitaient mutuellement à persévérer dans la foi ; aussi les mêmes phrases reviennent sans cesse sous la plume des rédacteurs. On ne saurait se lasser de répéter ce qu'on croit être la vérité. Nous donnons ici de courts extraits des épitres babies.

⁂

— Il est Dieu, le Durable, l'Etre suprême. — Mention d'une lettre de l'*Azal* (le successeur de Bâb). — Mention du point de l'exposition (surnom de Bâb) adressée à N. pour que ce lui soit une direction en ce jour, et une guérison pour les croyants, ainsi qu'une satisfaction pour tous ceux qui font partie de cette religion. Le point de l'exposition n'est pas comme une apparition, ni cette face comme un de ceux qu'on prétend, ni l'exposition comme le croit le populaire parmi vous. Soyez pieux envers notre Seigneur, et rendez victorieuse la parole de Dieu par tout ce que vous pouvez. Or la face est unique, et elle n'a révélé dans l'exposition que la justice et la bonne direction ; tous ceux qui se détournent de son signe, de ce jour ils sont réprouvés. L'ordre est prescrit dans ce livre.

« Communique à ceux qui sont sur ta terre un souvenir de notre part ; transmets-leur un salut de là-bas, et dis-leur : Soyez droits suivant l'ordre (reçu), et que rien ne vous détourne de la voie de Dieu ; remerciez-le, peut-être serez-vous tous sauvés.

« Ceci est un livre que nous vous lisons
en toute justice ; ceux qui là-bas se fie-
ront aux signes divins et agiront selon
qu'il est prescrit en détail dans l'exposition [1], ceux-là seront connus par le
nom de Dieu dans la sainteté du monde
spirituel. Or la justice n'est en ce jour
que dans l'exposition ; et tous ceux qui se
détournent d'un seul signe qui y est indi-
qué sont des idolâtres et des pervers.
ainsi qu'il est écrit dans la Lumière [2].
Transmets cette lettre à ceux qui ont cru
là-bas, dirige-les vers Dieu ton seigneur·
et remercie-le de ce que tu as reçu en ce
jour. car il est reconnaissant et généreux.
Lorsque X. s'est mis en route pour là-bas.
nous t'avons rappelé les signes de Dieu
et t'avons envoyé un tableau de notre
part. Rappelle-nous au souvenir de l'émi-
gré et observe bien la religion de Dieu. »

1. *Béyan* désigne ici le *Livre des preceptes* dont
la traduction est jointe à l'ouvrage du comte de
Gobineau qui porte le titre de *Religions et philosophies dans l'Asie centrale.*

2. Nom du Qoran des bâbis.

* *

« Il est Dieu, le Seigneur très-haut, l'Inaccessible. Lettre de la part de la Face, adressée à ceux qui ont cru là-bas et qui sont bien dirigés aujourd'hui, et qui se montrent reconnaissants dans la religion de Dieu. Or cela est certainement le livre innové, révélé sur cette table avec la Justice. Ceux qui se refuseront à mentionner leur Seigneur, ceux-là sont des opposants cités dans le Livre divin. Ces versets sont des preuves émanées de Dieu, ce ne sont qu'une application de sa (vaste) miséricorde qui vous embrasse. Soyez pieux et croyez à ses signes, et soyez les premiers arrivants à la miséricorde de Dieu en ce jour, si vous admettez volontairement la religion de Dieu. Or ceci est le Livre juste, dans lequel est l'esprit émané de nous-même. Soyez vivifié par ces souffles [1] que Dieu a prédes-

1. *Ervâh,* pl. de *Roûh* « souffle, esprit » désigne évidemment le second livre des Bâbis dont

tinés dans cet esprit, soyez tous pieux envers la divinité.

« O Hasan, sois pieux à l'égard de Dieu ton Seigneur ; remercie-le, ô Ismaïl ! Loue-le, ô Mehdi ! Que rien ne vous détourne de sa voie, et ne soyez pas d'avis différents au sujet de l'ordre (qu'il vous a donné ; observez bien les préceptes dès ce jour, et soyez de ceux qui se conduisent bien dans la religion divine ; aidez l'Etre suprême en ce jour pour la justice (qui viendra bientôt.

« Lorsque la Face apparaîtra, dirigez vos visages de ce côté-là, car c'est la *Qibla*[1] de Dieu et la *Kaaba*[2] de sa propre personne. Or l'ordre a été révélé des hauteurs de la lumière. C'est ainsi que nous avons fait descendre pour vous ce livre et que nous vous avons appelés à la vérité. Or qui dirige mieux que Dieu par ses ordres ? Qu'il

nous avons donné des extraits plus haut et dont chaque chapitre porte ce mot en tête.

1. Lieu vers lequel on se tourne pour faire sa prière : chez les musulmans, c'est la direction de la Mecque.

2. Nom du temple de la Mecque.

soit exalté! Il est l'équité, et cela ne dévie en rien ; car il sait toute chose.

« O hommes! craignez votre Seigneur et ne soyez pas incrédules à l'endroit de ses signes, après qu'ils vous ont été révélés en vérité aujourd'hui. Aidez votre Seigneur, le point de l'exposition, et montrez-vous reconnaissants, le jour de l'ordre (c'est-à-dire où l'ordre viendra), car Dieu vous aidera aussi. Telles sont les prescriptions de Dieu et ses ordres, car il vous observe. »

*
* *

« Lui est Dieu, le roi, le Vivant, le Très haut. — Mention d'une lettre émanée de l'*Azal* (éternel), serviteur du point de l'exposition, adressée à ceux qui ont cru là-bas, pour qu'ils soient accrus en bonne direction dans la religion de leur Seigneur, et qu'ils soient reconnaissants pour la table. Or ceci est le livre sur lequel il n'y a point de doute ; il dirige ceux qui sont pieux dans la voie de Dieu, dans la connaissance de l'exposition (la religion bâbie) ; tel est l'ordre écrit par le doigt de Dieu. C'est encore une manifestation de la miséricorde céleste, qui est si vaste qu'elle embrasse toute chose. Soyez pieux et remerciez Dieu ; que rien ne vous détourne de ses voies ; ne soyez pas d'avis différents au sujet de l'ordre (reçu) après avoir trouvé un chemin pour y parvenir. Je suis un homme à qui Dieu a parlé par sa mention, et m'a fait ce qu'il m'a fait (qu'il soit exalté !). Il est l'équité, il fait ce qu'il veut ; car il observe toute chose.

« O toi qui te nommes d'abord Mohammed, puis Ali, crains Dieu et sers-le dans cette voie ; aide-le dans les limites de ton pouvoir ; remercie-le d'avoir révélé le livre en ton nom, et rappelle-toi ton fils Hâchem, qui est auprès de nous, et Ali, qui est de tes parents ; je demande à Dieu qu'il déverse ses grâces sur les vrais croyants.

« Rappelle Dieu à ceux qui sont dans ce pays, et annonce-leur à tous la bonne nouvelle de la venue de leur Seigneur, car l'ordre est proche, et le déclin a cessé. Or la promesse faite dans la parole-mère est accomplie, et la face éternelle se retire vers Dieu son seigneur, qui fera d'elle ce qu'il voudra. La mention de Dieu embrasse toute chose ; il a été témoin de ce qu'il a pensé. O hommes ! obéissez à l'ordre en ce jour ; observez-vous, ô femmes ! et mentionnez Dieu, car il vous connaît. »

*
* *

Voici une lettre en persan qui paraît avoir été écrite au plus fort de la persécution :

« Il est le Vivant, l'Observateur ! Lettre d'Abou-Djafar, notre *Azal*, l'observateur, le témoin. Le détail des affaires et des événements est trop élevé pour être inscrit sur les tablettes. Ce qui est possible en fait d'oppression et d'inimitié, on l'a exécuté ; ils ont forgé ce qu'ils ont voulu ; ils ont dépassé leurs prédécesseurs : « ces

gens-là n'ont pas de cœur pour accomplir les voies de la Justice; ce ne sont
que des menteurs [1]. » Avant de considé-
rer ces gens comme des ennemis, je leur
montrais beaucoup d'amitié; mais leur
naturel vil ne les laissa pas tranquilles...
Maintenant ce n'est pas le moment de ra-
conter les événements de ce pays; Dieu
nous suffit, et il vous suffit; nous n'avons
rien qu'en Dieu, nous nous confions à
lui; que se fie à lui tout serviteur sincère!
Toutes les fois que ce sera possible, on
vous enverra des ouvrages et des livres.
Faites ce qui vous paraîtra le meilleur dans
vos affaires; que le salut soit sur vous!

« Il faut que les amis de la justice soient
fermes, car l'âme ne saurait s'exprimer à
l'égard de ces sots jusqu'à ce que Dieu
vous aide par son ordre, car il est l'Auxi-
liaire, le Grand.

« Dans ce pays où les affaires sont de-
venus si difficiles qu'il est impossible
d'en voir de plus pénibles, où ils les en-

1. Passage en arabe dans le texte.

nemis) ont fait ce qu'ils ont voulu, et où ils ont fait voir publiquement leur tyrannie, il y a bien des années que les signes de Dieu ne se sont montrés à personne... Qu'on invite toute âme à aller à Dieu. Songez à l'affaire de Yezd, d'Içfahan, ainsi qu'à Rizà-i Yèzdi. Comme vous le savez bien, on l'a trompé. Il est étonnant qu'ils aient été séduits par de pareilles suggestions. »

*
* *

D'autres lettres établissent nettement que Bâb est considéré par ses sectateurs comme une incarnation de la divinité. En voici deux passages frappants :

« Il est Dieu, le roi auguste. Dis : certes, il n'y a de divinité que lui, et tout ce qu'il a créé est pour lui un serviteur, un esclave. Certes, le *Point de l'Exposition* (surnom de Bâb), c'est lui-même ; et ceux qui se sont détournés de la vérité ce jour-là, ce sont des idolâtres. »

Autre lettre : « Le *Point de l'Exposition* n'est pas comme un de ceux qu'il a créés, mais c'est Dieu lui-même. »

V

L'enseignement de Bâb [1] à l'égard de Dieu différait fort peu à l'origine de celui des musulmans; il semble se rapprocher de celui qui avait été professé jadis par les Motazélites au sujet des attributs de la Divinité, qui en sont inséparables et qu'on ne saurait imaginer en dehors d'elle comme des abstractions séparées. Le Séïd de Smolensk, qui a fourni à Mirza Kàzem-beg d'utiles indications, a dit : « Toute la doctrine de l'unité (c'est-à-dire la vraie foi, la vraie formule de l'unité de Dieu) consiste à isoler Dieu de tout attribut; » car lui attribuer une qualité, c'est le restreindre, c'est le soumettre à un compte, à une énumération; ces

1. J'ai surtout suivi pour guide, en cette matière, la traduction du *Livre des Préceptes* jointe au livre du comte de Gobineau, *Religions et Philosophies,* etc.

idées sont tout à fait Chiïtes, et les livres
des hétérodoxes attribuent à Ali des défi-
nitions de ce genre.

Tout est pur dans la création, disaient
les disciples de Bâb, et par là ils s'affran-
chissaient des scrupules étroits des musulmans au sujet de l'impureté de certains objets. Comme corollaire à cette
déclaration, on ajoutait que la tempé-
rance est une vertu indispensable; que
l'intempérance est blâmable. Aussi Bâb
ne faisait point usage d'opium, ne fumait
pas et ne prenait pas de café.

L'égalité des droits pour les hommes
comme pour les femmes, l'abolition du divorce arbitraire, une plus grande part de
liberté réclamée pour la femme que celle
dont elle jouit dans la société musulmane,
indiquent une conception des rapports so-
ciaux diamétralement opposée à celle qui
est la base de la communauté islamique.
On prétend qu'il aurait dit, dans son Qorân : « Aimez vos filles, car elles sont
bien plus élevées devant Dieu et elles lui
sont bien plus agréables que vos fils.

Que celui qui confesse cette croyance
ne divorce jamais d'avec son épouse. Il
ne doit point exister de voile entre vous
et vos épouses, ce voile serait-il plus
fin que la feuille de l'arbre, afin que
rien ne soit pour la femme une cause
d'affliction, ceci étant pour vous la bé-
nédiction du Seigneur. »

Bâb ordonnait de vivre, non d'après la
lettre, mais d'après l'esprit de la loi :
point de contact remarquable avec les
idées dominantes de cette réforme du judaïsme qui devint le christianisme. Pour
les Bâbis, toutes les religions sont égales :
la lumière de la vérité doit faire disparai-
tre l'antagonisme qui existe entre la Bible
et le Qorân ; c'est du moins ce que disait
le Seïd Mir Abdoul-kérim, bâbi interné
à Smolensk et qui écrivit sur la nouvelle
doctrine deux lettres à Mirzâ Kâzembeg, empreintes d'un souffle mystique
qui rappelle les effusions des *çoufis*.

On vient de voir qu'à l'origine du mouvement bâbi, la doctrine réduite à ce petit nombre de points, ne différait pas es-

sentiellement des idées en cours chez les hétérodoxes de la Perse, sauf sur la question du pur et de l'impur; mais il s'y mêla bientôt des aberrations de l'ordre métaphysique. Bâb a fini par être considéré par ses disciples comme une incarnation de la divinité : c'est alors qu'on lui donna ou qu'il prit le titre de *Hazrèt-i Ala*. En effet, le Dieu sans attributs dont nous avons parlé plus haut, inaccessible, inintelligible, n'aurait pu que difficilement former la base d'un enseignement religieux ; mais il se manifeste par des émanations qui embrassent le monde entier, métaphysique et matériel, il se manifeste aux yeux des hommes en s'incarnant dans certaines personnes d'élection ; et Bâb est de ce nombre, car plusieurs épitres que nous avons citées plus haut ne laissent aucun doute là-dessus. Il n'y a donc pas de doute que la théogonie de Bâb ne se rattache indirectement au grand mouvement gnostique qui se manifesta au début du développement de la religion chrétienne. Dieu est un, sans doute ; mais c'est une unité agissante, en étroite communication avec le monde, qui est une émanation de son essence. C'est au moyen de sept attributs qu'il manifeste cette création, et ces attributs, ces intelligences, appelées *lettres* (ou types) par les bâbis, portent des noms qui rappellent les éons des Valentiniens et les *séphiröt* des cabbalistes : la force, la puissance, la volonté, l'action, la condescendance, la gloire et la révélation. Il est impossible de ne pas être frappé des rapports étroits existant entre ces termes et ceux qu'employaient les gnostiques ; la *force*, la *puissance*, la *gloire*, sont des mots familiers aux Valentiniens et à leurs congénères.

Les *lettres de la vérité*, disent les textes bâbis, ont été créées antérieurement à l'homme (fragment cité par Mirzâ Kâzembeg) : Dieu a commencé sa création par les lettres de la vérité. « Par l'entremise des lettres de la vie il indique à tous ce chemin qui conduit jusqu'à lui. » Ainsi non seulement ces lettres sont un collège d'éons ou d'archanges entourant la divinité, mais ce sont encore les disciples qui entourent le maître, incarnation de cette même divinité; en effet Bâb appelait de ce nom ses élèves préférés, ceux qui formaient les propagateurs de la foi au premier degré.

Une fois admis ce principe que les *types* créent le monde comme les *lettres* créent le mot, il en découlait que le calcul cabalistique devait prendre, chez les Bâbis, une importance considérable (on sait que les Orientaux, comme les Grecs, attribuent à chaque lettre de l'alphabet une valeur numérique). Le nombre dix-neuf est celui sur lequel reposent les calculs de ces sectaires; il se retrouve dans le mot arabe *wâhid* (unique), épithète par excellence de Dieu, et dans une infinité de formules diverses, entre autres dans le mot *moudjoud* « existence », synonyme d'Être Suprême. Tout est compté par 19; l'année est divisée en 19 mois, les mois en 19 jours, de sorte que l'année est de 361 jours. Le choix de ce chiffre n'est sans doute pas arbitraire ; peut-être faut-il le rapprocher des *sept* ministres et des *douze* êtres spirituels (nombres dont l'addition donne dix-neuf) dont Chahristâni nous entretient à propos de l'enseignement du réformateur Mazdek, sous les Sassanides.

Les Bâbis se saluent par une formule spéciale ; il est d'usage de s'aborder en disant *Allahou Akber* « Dieu est le plus grand », et l'on répond *Allahou Aazham* « Dieu est le plus puissant » au lieu du salamalec traditionnel. L'emploi des talismans était aussi répandu parmi eux que parmi les musulmans ; ils aimaient à en rédiger avec des formules de convention, et l'on n'ignore pas que cette pseudo-science est encore en grand honneur auprès des populations orientales.

Les modifications apportées par la nouvelle loi à la condition de la société dans les pays soumis au droit musulman est considérable, et c'est surtout par là que le bâbisme, s'il avait réussi, aurait eu

une influence incalculable sur les desti-
nées de l'Orient. La doctrine affirme la
liberté absolue du commerce, des con-
trats et par suite de *l'usure*, se trouvant
sans s'en douter d'accord avec les plus
hardis économistes : « Vous avez la permission (entière) de vendre et d'acheter
(ô vous) mes serviteurs, *du moment que
êtes mutuellement satisfaits de vos tran-
sactions...* » (Livre des Préceptes). De l'a-
vis des commentateurs, une pareille dé-
cision n'autorise l'action restrictive de
l'autorité religieuse qu'en cas de fraude.

L'impôt à payer à Bâb, à l'autorité
royale, tout cela est fixé par les livres
bâbis. Un détail bizarre, c'est que le
fidèle est tenu de payer exactement ces
deux impôts, mais que ni l'autorité religieuse, ni le roi, ne peuvent employer
aucune mesure pour faire rentrer l'impôt
impayé : la seule sanction d'un refus de
ce genre, c'est le châtiment promis au
jugement dernier. D'ailleurs il est interdit de mettre quelqu'un en prison; la loi
bâbis ne prévoit que deux ordres de

peines, l'amende et l'interdiction de cohabiter entre époux pendant un laps de temps plus ou moins long. L'impôt religieux est fixé au cinquième de la valeur des biens meubles et immeubles et doit être versé entre les mains du collège des Dix-neuf qui est à la tête de la communauté. Cet impôt est perçu en une seule fois « lorsque le cercle (d'une année) a passé sur (cette chose) et qu'elle n'a pas déchu de ce qu'elle valait d'abord »; mais la taxe n'est perçue que sur le superflu. Bâb et ses successeurs, d'ailleurs ont le pouvoir de taxer les successions au taux qui leur convient. Voilà un arbitraire dangereux !

Le mariage est obligatoire : « Il est nécessaire, pour tous les êtres, qu'il reste de leur existence une existence, et certes il faut qu'il se marient entre eux lorsque sont passées onze années de leur âge... » L'épouse d'un bâbi doit appartenir à la même religion. Le divorce est déconseillé; les époux divorcés peuvent toujours, selon la loi nouvelle, se réconcilier, fût-ce quatre-vingt-dix fois de suite.

Bàb recommande d'user de discrétion en châtiant les écoliers; le traitement que ceux-ci subissent dans les écoles musulmanes en Perse peut être parfois assez barbare, car l'unique châtiment employé consiste en coups de houssine, appliqués sur la plante des pieds, et distribués libéralement par le maître. L'écolier ne doit pas être battu avant l'âge de cinq ans, et même après cet âge il ne doit pas recevoir plus de cinq coups, en interposant une couverture entre le corps et l'instrument du supplice.

La politesse est prescrite aux adeptes, qui sont tenus de ne pas jeter les yeux sur les papiers d'autrui sans autorisation, de répondre à qui les interpelle ou leur écrit, et qui ne doivent refuser ni déchirer une lettre qu'ils reçoivent, ni supprimer une lettre adressée à un autre.

La loi musulmane exige la simplicité dans les vêtements, et interdit de porter sur soi des ornements en métaux précieux: en notre siècle, les Wahhâbis ont rétabli dans toute sa rigueur l'ancienne coutume quelque peu délaissée dans les grandes cités de l'Orient. La doctrine de Bàb est tout le contraire : « Habillez-vous de vêtements de soie au jour de vos noces, et si vos moyens vous le permettent, ne portez que cela. Et quant à ces vêtements dont vous serez couverts au moment du mystère de votre bonheur, faites-les faire d'or et d'argent... »

La fête du Nauroûz, l'équinoxe du printemps, est la grande fête des Bàbis comme elle est déjà celle de tous les Persans. En ce jour, l'adepte de la secte nouvelle a le droit de manger d'autant de plats qu'il le désire, tandis que dans la vie ordinaire il ne peut avoir qu'un plat à chaque repas. L'ivresse est prohibée, l'opium interdit, mais il est permis de fabriquer des liqueurs enivrantes, à condition de ne pas s'en servir soi-même. Il y a un jeûne tous les ans, de la durée d'un mois, mais d'un de ces nouveaux mois de dix-neuf jours qui sont au nombre de dix-neuf dans l'année, comme nous l'avons déjà vu. Il n'est obligatoire que pour les adeptes de onze à quarante-deux ans.

La propreté, les ablutions sont formellement recommandées, sans que Bàb en fasse, comme chez les musulmans, une obligation *sine quâ non* pour que la prière soit valable. L'emploi des parfums est également conseillé.

L'un des points importants de la nouvelle doctrine, et le plus en contradiction avec l'extérieur de la religion mulsumane, c'est la liberté donnée à tout bàbi de voir toutes les femmes sans voile et de leur parler; mais en même temps les conversations inutiles et indiscrètes sont défendues : on ne doit même point prononcer plus de dix-huit paroles de suite !

Bàb déconseille les voyages, si ce n'est pour aller faire pèlerinage aux lieux où la nouvelle religion s'est manifestée, la maison où le prophète est né, celle où il a été emprisonné. Ceux qui voyagent pour des motifs de commerce ne peuvent rester absents plus de deux années, à moins que le voyage ne se fasse par mer, auquel cas la limite est portée à cinq ans. Il y a inter-

diction de voyager sur l'onde salée, sauf
naturellement pour ceux « qui habitent
au delà de la mer » et qui viendront
accomplir le pèlerinage. Ceux qui sont
embarqués doivent se tenir tranquilles, et
le capitaine a la haute main sur ceux qui
sont à bord du bâtiment qu'il commande.

D'autres prescriptions semblent bien
étranges : « Ne chevauchez pas sur les vaches, et ne leur faites porter aucun fardeau ;
et ne buvez pas le lait de l'ânesse, et ne lui
imposez pas, ainsi qu'aux autres animaux,
d'autres charges que celles qui sont pro-
portionnées à ses forces. Et ne chevauchez
sur aucun animal si ce n'est avec la selle
et l'étrier, et n'en montez aucun que vous
ne puissiez être en parfaite sûreté sur son
dos. » Cette dernière prescription est fort
sage, mais n'indique pas que Ali-Mohammed fût un parfait écuyer. Quant à la
prescription relative aux vaches, on pense
naturellement à ces sectaires existant
encore actuellement, dit-on, dans le
Khorasan et qui professent pour les vaches un grand respect : il est curieux de

retrouver ainsi des traces d'une coutume bien ancienne dans le monde aryen.

Ce que nous venons de dire résume ce que l'on sait aujourd'hui sur les bábis. On voit qu'il reste encore à résoudre bien des problèmes touchant l'histoire de leur religion ; il y aurait à approfondir les indications que nous possédons déjà, à les préciser, afin d'établir la filière qui rattache le bábisme à ces manifestations de l'esprit métaphysique de l'Orient qui remplissent l'histoire du moyen age.

Quand on pourra rattacher la rénovation islamique contemporaine aux croyances des chiites outrés, des Ismaéliens, des Druzes, et par delà à celles des gnostiques et des anciennes sectes orientales, on sera arrivé à un résultat éminemment intéressant, puisqu'il nous donnera la raison historique de la tentative religieuse du réformateur persan contemporain.

LE PUY — IMP. MARCHESSOU FILS